Es ist sooo einfach ...

Für Euch

Dieses Buch widme ich all jenen Menschen, die mich mit Ihrem Glauben an den Weg meines Herzens unterstützen und begleiten und auch all jenen, die mich herausfordern und prüfen.

Danke.

Herstellung Lohs, Wolfurt
Printed in Austria

ISBN 3-9502131-2-0

Nicole Metzler

Es ist sooo einfach ...

Mit Zeichnungen der Verfasserin

Nicole Metzler Verlag

Es ist sooo einfach ...

Ich schreibe dieses Buch für alle, die noch zu viel denken und glauben, man müsse sich für ein schönes Leben anstrengen.

Das Denken und dieser lebensferne "Glauben" kommen immer wieder einmal in unser Leben - auch in meines - auch ich bin wie du! Wir haben alle die gleichen Anlagen, die gleichen Möglichkeiten - nur die Art wie wir diese nutzen (oder auch nicht) unterscheidet uns scheinbar.

Wir leben hier auf einer Erde, auf einem Planeten mit vielen Individuen - auf dem Weg zur Einfachheit!

Alles, was einfach ist, ist wahr, ist herrlich - es ist LIEBE!

Ist es wirklich immer wichtig zu wissen, warum etwas passiert - und warum genau mir!? Ich kann es erforschen, hinterfragen usw. - dazu habe ich ein fantastisches "Knäuel" bekommen - mein Gehirn. Doch mein Gehirn wurde mir für anderes geschenkt - es lenkt meine Muskeln, die mich rennen lassen, wenn Gefahr droht

- es organisiert, dass aus meinem genosssenen Dinner etwas wird, das alle meine Zellen brauchen können - oder auch nicht.

Es liegt an mir, mit was ich meinen Bauch und auch meinen Kopf fülle! Und hier liegt der Schlüssel. Ich habe ihn selbst in der Hand - kein äußerer Umstand kann hier Einfluss nehmen!

Ich bin der, der lenkt, der entscheidet, der tut - und ich bin der, der dann dies empfängt.

Niemals bekomme ich etwas anderes, als ich erschaffen habe mit meinen Gedanken, Worten, Taten. Niemals!

Wie sieht dein Leben aus? Wie sieht mein Leben aus? - muss ich mich ab und zu fragen, und wenn ich ehrlich zu mir bin, dann sehe ich sofort, wo aufgeräumt werden muss - das sind die Orte, wo ich müde werde, wo ich traurig werde, wo ich davonlaufen möchte - die Orte, die ich nicht ertragen kann, wenn ich sie sehe oder betrete.

Trifft mich jemand mit Worten verletzend, so hat er so einen Ort von mir kurz beleuchtet.

Er hat mir geholfen - zu SEHEN!

Es liegt an mir, ob ich nun mein Herz verschließe (und mein LEBEN streiche für kurz oder länger) oder ob ich mein Herz offen lasse, dankbar bin für den Hinweis und beginne aufzuräumen.

Das Aufräumen hat kein Ende in meinem Leben - immer wieder gibt es Neues wegzuräumen.

Aufräumen geschieht am Besten, wenn ich mich ins Alleinsein begebe - ich nehme mir Zeit für mich - für mich ganz allein!!! Ich schalte Handy, Radio, Fernseher aus und tue einfach NICHTS!

Auf der Couch liegen und NICHTS tun kann herrlich sein - wenn ich mir die Zeit dafür jeden Tag nehme. Warte ich zu lange, lenke ich mich zu lange ab mit ach so wichtigen Dingen, Terminen, Menschen, so wird das Alleinsein im ersten Moment fast unerträglich.

Dieser erste Moment kann auch eine halbe Stunde sein oder ein Tag oder zwei - doch ich entscheide mich, da hindurchzugehen - durch dieses ekelhafte Gefühl - und es folgt FRIEDE in mir!

Auf einmal bin ich ganz ruhig in mir, zufrieden und eine Welle der LIEBE überströmt mich - es ist, als ob ich verliebt wäre.

Ich nenne das
"VERLIEBTSEIN IN DAS LEBEN"!

Das ist der Zustand, den wir eigentlich immer haben könnten - ganz einfach!

WIE?

Ich werfe alles, was ich über Anstand, Freundschaft, Partnerschaft, Beziehungen, Leben, Alter, Benehmen, Regeln, Zeit und Liebe gelernt habe, über Bord - und zwar weit draußen auf dem Meer - am besten im Sturm auf tiefer See - damit es sicher "ersäuft"! :o))

Das Einzige, was ich behalte, ist mein Herz, mein Gefühl und meine LIEBE!

Und dann beginne ich ganz neu - ich kann auch öfters ganz neu beginnen, falls ich wieder abrutsche, oder doch eines von vorher überlebt hat.

Das LEBEN ist sooo großzügig - es schenkt uns Chancen ohne Ende - ich darf sie einfach annehmen!

Und nun bin ich lieb zu meinem Herzen - jeden Augenblick!

Nicht nur Mittwoch abends und sonntags - NEIN! - jeden Augenblick! Mein Herz spricht mit mir, wenn ich es lasse!

Du kannst dir auch ein kleines grünes Männchen vorstellen, das mit dir spricht - wenn dir das besser gefällt! Lass deiner Fantasie freien Lauf - LEBE spielerisch, mit Leichtigkeit - so ist mein Leben einfach!

Manchmal schaue ich einfach einem Tier zu - eine Katze kann dich umschmeicheln stundenlang - und plötzlich mag sie etwas anderes tun - und geht einfach von dannnen! Sie kann einfach, was wir oft noch lernen müssen.

Ich tue, was ich mit ganzem Herzen tue - und zieht es mein Herz wo anders hin, so tue ich einfach dies!

Möchtest du, dass jemand bei dir bleibt, und eigentlich die ganze Zeit schon in Gedanken seine Wohnung aufräumt, weil ihn das sooo belastet? Kann und werde ich nie verstehen! :o))

Das tun, was mir Freude macht - kam und kommt bei mir immer vor dem Putzen, Schlafen, Vernünftigsein. :o))

Je mehr ich mich freue, umso mehr lebe ich - jede gefreute Sekunde ist eine gelebte Sekunde - auch die Sekunde der Trauer ist eine gelebte Sekunde.

Jede Sekunde, die ich das Gefühl auslebe, welches mein Herz im Moment fühlt - ist gelebt!

Und ich lebe gerne!!! :o)

Gefühle kommen und gehen - sie bleiben niemals monatelang!

Das machen wir selbst, weil wir uns manchmal daran festhalten - und den normalen Rhythmus der Natur nicht zulassen - dort geht es auf und ab, kalt und warm, hell und dunkel, leben und sterben - und alles gehört dazu - zum LEBEN!

Wie will ich Freude spüren, wenn ich nie gekannt habe das Leid?

Ich liebe das Auf und Ab - das LEBEN - es ist wie ein TANZ! Und auch den liebe ich!

Kannst du tanzen, wenn du am Fleck stehen bleibst? Nein, ich brauche dazu Bewegung und Bewegung ist LEBEN!

Ich lasse die Bewegung zu!

Hast du schon einmal einen Baum gesehen, der im Herbst seinen Blättern hinterherrennt, weil er sie doch nicht loslassen möchte?

Klingt wahrlich blöd - und genau so sind wir, bin ich auch - ab und zu.

Es ist nicht die Aufgabe des Baumes zu rennen - und es ist unsere Aufgabe, offen zu sein.

Um Neues geschenkt zu bekommen, müssen wir manchmal auch einen Platz räumen, d.h. Altes loslassen!

Wenn ich wachsen will, dann werde ich auf dem Weg auch ab und zu etwas "verlieren" müssen - doch auch Abschied gehört zum Leben.

Und spätestens bei der nächsten Kreuzung auf meinem Weg sehe ich, dass mich das "Verlorene" gehindert hätte weiterzugehen.

Was nützt mich das schnellste Motorboot - welches sehr dienlich war, über den See zu kommen - wenn meine nächste Aufgabe ist, den Mount Everest zu erklimmen?

Nichts - absolut nichts. Ich käme keinen einzigen Schritt höher, hätte ich es in meinem Gepäck - auf dem Wasser bedeutete es Leichtigkeit - jetzt "LAST"!

Ich werfe ab meine Last, wenn mein Herz dies sagt, und komme so voran.

Dies hat nichts mit Anstrengung oder Kampf zu tun - es geht sooo einfach!!!

Ich lebe einfach mich, mein Herz - und die Dinge, Menschen, Wesen gehen, die nicht mehr zu meiner Größe passen - zu meinem Weg, der Wachstum ist!

Auch ein Kind bekommt neue, größere Schuhe, wenn es wächst - und irgendwann bleibt dann die Schuhgröße stehen - ist das nicht eigenartig?

Vielleicht haben wir auch in jenem Alter aufgehört, wahrlich zu wachsen!?

Doch wir brauchen keine Schuhe von hier bis Australien, um zu wissen, dass wir wachsen können. Ich tue das mit meinen Gedanken reiner LIEBE!

Ich sehe mein Wachsen in meinem Leben, dann häufen sich günstige Zufälle, dann habe ich Freude an meinem Leben, dann fühle ich mich wohl, wo ich bin - und ich habe wunderbare Beziehungen!

Der Grundstein zu dieser sicheren "Burg" ist die LIEBE zu mir selbst!

JA ich muss ein bisschen mehr egoistisch sein, mich selbst ein bisschen mehr loben, mich selbst wunderbar finden und mich selbst wertvoll, liebevoll behandeln!

Und wenn ich nur mit einem Bisschen beginne, dann werde ich in kurzer Zeit sehen, wie viel ein kleines Bisschen schon bewegen kann.

Mein Leben ändert sich zum LEBEN!

Ich gebe auf, Andere von mir begeistern zu wollen - ich finde mich einfach selbst fantastisch - ist das nicht toll? Und sooo einfach - ich habe es selbst in der Hand!!!

Und immer, wenn mein Herz irgendwas nicht so fantastisch findet, dann ist Zeit, mit mir zu arbeiten - dies geschieht bei mir auf spielerische Art und Weise!

Du kannst dich mit deinem Stofftier unterhalten oder Bonbons verspeisen, und mit jedem Bonbon lässt du eine Eigenschaft, einen Gedanken, ein Muster von dir los, welches dir anders als dienlich war - und wählst stattdessen etwas "SÜSSES" in dein Leben!

Es ist so schön Kind zu sein, zu bleiben oder auch wieder zu werden - und sooo einfach!

Ich tue einfach, was ich fühle - sage was ich fühle - und dies alles mit LIEBE zum LEBEN!

Verdrängung fällt weg - und stattdessen stelle ich mich sofort ALLEM! Und es wird sooo einfach!

Ich bin ALLEM gewachsen - nutze meine MACHT und meine KRAFT der LIEBE!

Dort wo ich JETZT bin, bin ich ICH, bin ich soviel LIEBE, wie mir möglich ist! Und ich sehe die Wirkung! JA!

Mein Leben ist so einfach,
wenn ich lerne ICH zu SEIN!

Ich sage, was ich denke, sage, was ich fühle, und tue, was ich fühle. Ich brauche mich nie mehr zu verstellen, da ich immer - in jeder einzelnen Situation - ich war und bin!

Auch brauche ich nie mehr jemand anderen um Rat zu fragen - meine Antwort ist in mir - ich gebe mir so viel Zeit und Ruhe, bis ich meinen inneren

Frieden wieder spüre und habe die Antwort! Es ist sooo einfach! :o))

Und der schöne Nebeneffekt dabei ist - ich habe wirklich Freunde!!!

Freunde sind Menschen, die mich so lieben, akzeptieren und wertschätzen, wie ich bin - und ich garantiere - ich habe jede Sekunde neue Überraschungen auf Lager. Du weißt nie, wann sie kommen - nicht einmal ich weiß das.

Plötzlich kommt eine neue Idee, und die Freude, die ich in meinem Herzen spüre, die Begeisterung, das Feuer sagen mir, dass dies gut für mich ist - und ich tue es einfach!

Es ist sooo einfach - alles ohne Begeisterung hat kein Leben!

Wenn ich mich fragen muss, ob ich etwas will, ob ich etwas tun will, ob mich etwas freut - dann ist die Reaktion sooo einfach. Ich lasse dieses Unterfangen - was immer es auch sei!

Manchmal glaube ich, etwas tun zu müsssen, den anderen doch nicht verletzen oder enttäuschen zu können.

Meine Entdeckung auf diesen "unguten" Reisen war jedoch, dass ich in Wirklichkeit nur mich enttäuschen kann! Nur mich - ganz allein!

Ist der andere wegen irgendetwas entttäuscht, so liegt das nicht an mir - er hat sich Erwartungen gemacht.

Erwartungen treffen in den seltensten Fällen so ein, wie wir sie uns dachten, machten! Das ist die Wahrheit!

Ich lasse das Erwarten -
- und wähle stattdessen ERLEBEN -
- jeden Augenblick!

Schon immer hatte ich das Gefühl, dass ich beim Warten - auf was auch immer - nicht lebe!

Darum wünsche ich mir auch, dass Menschen pünktlich sind, die mein Leben bereichern! Auch ich habe mir wieder angewöhnt, pünktlich zu sein - das ist ein Teil meines Respektes dem anderen Menschen gegenüber!

Während der Andere auf mich wartet - lebt er nicht.

Und ich wünsche mir, dass alle LEBEN - inklusive mir!

Ich muss dies hier so schreiben, da es komischerweise viele Menschen auf diesem Planeten gibt, die sich selbst beim Austeilen der Gaben vergessen!

Auch ich gehöre ab und zu dazu - ich fühle so viel, und spüre oft, wie es dem anderen geht, was er braucht - dass ich gebe, gebe, gebe - liebe, liebe, liebe!

Also habe ich mir angewöhnt, auch auf das zu hören, was ich bei mir fühle.

Will meine Seele schon um 8 Uhr abends schlafen gehen - so tue ich das - es ist sooo einfach!

Am nächsten Tag weiß ich dann warum - es ist eine Herausforderung vom Leben da, bei der ich mehr Kraft brauche, als an anderen Tagen - oder es ist etwas zum Freuen da bis nach Mitternacht - und ich bin froh, schon "vorgeschlafen" zu haben.

Es ist sooo einfach,
und ich bin allen Aufgaben gewachsen,
wenn ich meiner Stimme folge.

Sie weiß so genau, was wohltuend für mich ist! Wohltuend ist vor allem, lieb zu mir zu sein!

Ich koche mir das, wonach ich mich genau jetzt sehne - ja ich könnte auch das essen, was gerade im Kühlschrank ist, doch das ist wieder die Einmischung vom "Knäuel" Gehirn!

Meine Stimme, mein Körper sagt mir immer genau das, was er braucht.

Ich benötige zwar genau die Zutaten zu jener Speise, jedoch insgesamt gesehen brauche ich weniger, weil ich mich selbst zufriedenstelle.

Zufrieden sein kann ganz einfach sein, wenn ich die wenigen Dinge tue, die ich wirklich brauche, die meine Stimme mir sagt - und das Rennen weglasse!

Gesellschaftsfähig sei er nicht, mein Weg, musste ich mir öfters anhören. Doch sind wir mal ehrlich - ich lebe doch auch in unserer Gesellschaft - und dazu noch gut und mit ganz viel Freude und Ehrlichkeit!

Überall wo ich hinkomme, freuen sich die Menschen, dass ich dabei bin. Quantität hat nichts mit Qualität zu tun - wie wahr!

Ich bin gerne mit Menschen zusammen, wenn ich wirklich ganz an jenem Treffen teilnehmen kann, d.h. wenn ich mich ganz fühle - und dazu kann ich manchmal 2 - 3 Wochen im Alleinsein brauchen.

Ganz wahrnehmen mag ich mein Gegenüber, den Ort, die Sekunde - und das kann ich nur, wenn ich im inneren Frieden bin.

Und auch nur in diesem Zustand des inneren Frieden fälle ich Entscheidungen!

Alles andere ist ohne wahren Sinn - und bringt das Gegenteil!

Jedoch Entscheidungen aus innerem Frieden getroffen - bringen auch Ergebnisse, Erfolge, die meinen inneren

Frieden nähren, stärken, leben lassen.

Bei der Frage nach einem Ziel in meinem Leben sage ich meist:

"Ich wähle zufrieden zu sein mit meinem Leben - mein Leben soll so sein, daß es zum Wohle Aller ist!"

Kurz ausgedrückt:

"LIEBE leben - mehr und mehr!"

Gerne nehme ich den Jaguar und auch die Villa am Meer, so dies ein zufriedenes Leben für mich sein kann.

Bescheiden sein und gleichzeitig die Größe, die Fülle, den Reichtum lieben. Ich kann beides - und du auch!

Wir haben so viel Hilfe aus dem Kosmos - wir müssen sie nur annehmen.

Und deine innere Stimme ist so nah - nichts und niemand kann dich davon trennen - außer du selbst!

Meine innere Stimme ist mein bester Freund hier auf der Erde - mein Wegweiser zum "Glück", zum LEBEN, zur LIEBE!!!

Ich freue mich jeden Tag, wo ich meine Stimme vernehme.

Manchmal quatscht und quatscht sie mich voll, dass es fast schon unerträglich ist - doch ich weiß, sie hat recht. Und wenn sie so viel quatscht, dann braucht es eben ein paar Schritte mehr, um wieder auf meinen Weg zu gelangen.

Doch dann kommt wieder ein Schritt nach dem anderen - ein Schritt mit meiner Stimme, und dann der zweite usw.

Dies sind sehr kraftvolle Schritte - ich spüre dies, schon beim Gehen - und sehe dies in meinem Leben - innert kürzester Zeit. Wage, traue, wachse!

Das ist meine Aufgabe hier - WAGEN, TRAUEN, WACHSEN!

Niemals möchte ich so bleiben wie ich bin - weshalb mich so ein Geburtstagswunsch auch nicht wirklich freuen kann.

Ich verändere mich so gerne - und sehe gerne, wie ich wachse in Richtung Freude, LEBEN.

Könnte eine Blume ihre volle Pracht entfalten, würde sie irgendwo in ihren Wachstums-Stadien stehenbleiben?

Nein! Sie könnte nicht nur ihre Pracht nicht entfalten, sondern sie hätte auch ihren Sinn verfehlt, die Welt mit ihrem Duft zu erfreuen, und neue Blumensamen zu spenden, die dann zur Blüte werden, an Orten wo sie nicht sein kann!

Meine Hoffnung ist, mit meinem Leben auch Samen in die Herzen mancher Menschen zu pflanzen, Samen der LIEBE, die dann wachsen und Kreise ziehen, wie ein kleines Steinchen, das ich in den See werfe!

Ich bin dankbar für die Samen der LIEBE, welche mir geschenkt werden - Tag für Tag!

Ich bin dankbar für dieses LEBEN - und ich weiß, ich habe die Kraft für alles, für wirklich alles - meine Stimme sagt mir einfach, wo ich diese Kraft bekommme, wie ich sie bewahre und wann ich sie einsetze.

Ich höre einfach auf mich, auf meine Stimme - dies geht ohne Reisen, ohne "Wissen", ohne Geld - denn meine Stimme ist immer da, so nah.

Es ist alles sooo einfach!

Wenn ich mein Leben als einen Tanz betrachte - so bin ich am Üben, am Perfektionieren, am Lernen einer weichen, fließenden, wohltuenden Choreographie - wohltuend für meinen Körper, für mein Auge, und für meine Seele.

Und wenn ich dann tanze - bin ich fähig, andere damit zu verzaubern - in den Bann zu ziehen - ihre Sehnsucht zu wecken - auch ihren eigenen Tanz zu leben.

Mein Tanz läuft immer wieder ab, immer wieder ähnlich, doch jedesmal verfeinert.

Jedoch eines bleibt dabei immer gleich - ich begegne immer wieder MIR!

Und ich liebe
die Begegnungen mit mir!

Es ist sooo einfach - ich gehe in mich, höre meine Melodie - und beginne danach zu tanzen - bis ich einfach nicht mehr anders kann und will. Ich fühle, dass dies LEBEN ist!

Wie höre ich meine Melodie?

Indem ich Dinge tue, die ich liebe, indem ich mich mit Menschen umgebe, die ich liebe und die mich lieben (d.h. die mich gerne LEBEN sehen und lassen!), und indem ich mein Herz offen trage - offen für alle Erfahrungen, für alle Bilder, für alle Worte, für alle Gefühle - es werden die Richtigen für mich sein - so fern ich mich an Orte meines Herzens begebe!

Am Ort meines Herzens, in den Augenblicken, die ich nach meinem Herzen LEBE - gibt es nur liebevolle, hilfreiche und ehrliche Begegnungen!

Ich beginne Schritt für Schritt - mein LEBEN nach meinem HERZEN zu gestalten - in meinem Tempo!

Nachdem ich dies jetzt schon ein paar Jährchen praktiziere, kann ich feststellen, dass dies sehr angenehm ist - und mich oft mit sehr viel LIEBE und innerer Zufriedenheit erfüllt!

Und ich bin sehr dankbar für ALLES, was mich auf diesen meinen Weg zurückgeführt hat, für ALLES und JEDEN, der mich meine Melodie hören, fühlen lässt - auch mir bin ich dankbar, denn den größten Teil auf diesem meinem Weg mache ich.

Das letzte
Puzzlestückchen
kann immer nur
ich setzen -
ich ganz allein -
es ist das TUN!

Ich tue LIEBE!

Ja LIEBE zu mir und zu allem, was mich umgibt, berührt, entdeckt! Ich liebe es, diese Macht zu haben - und nutze sie sehr oft (immer wäre unmenschlich - und ganz einfach gelogen :o))!

Mit dieser Kraft in mir wage ich - endlich das zu TUN, was ich immer schon fühlte! Ich reise endlich in die Ferne, oder ich sage endlich meine Meinung, ...

Es gibt sehr viel zu TUN - im Leben von dir und mir.

Niemand ist schon fertig, niemand ist überlegen, besser oder weiter!

Nur der eine kann hier etwas schon mit mehr LIEBE und der andere dort! Und wir lernen voneinander - angenehm, wenn wir es einfach zulassen, und unangenehm, wenn wir uns widersetzen und sträuben.

Lernen kann sehr schnell, schmerzlos und einfach sein - nur einen einzigen Augenblick brauche ich, um ein Muster loszulassen, um einen meiner Gedanken in einen wohltuenderen zu verändern.

Nur einen einzigen Augenblick brauche ich, um jemandem zu sagen, dass ich ihn LIEBE!

Nutzen wir jeden unserer Augenblicke? Ich bin zufrieden, wenn ich sagen kann - nein, doch ich nutze viele! :o))

Du erzählst mir nichts Neues - höre ich oft Menschen sagen, die mich nach meiner Meinung fragen - das weiß ich bereits - es gibt keine neuen Wahrheiten.

Die wirklichen Wahrheiten sind und bleiben immer die gleichen!

Jeder kommt dorthin - früher oder später! Manchmal auch erst im nächsten Leben - wenn er sich gekonnt sträubt! :o))

Ich brauche oft nichts, gar nichts in den Augen der Anderen - um glücklich zu sein.

Den Flug des Bussards von meiner Couch aus zu betrachten kann mich in einen Zustand der Glückseligkeit versetzen!

Und jedes einzelne Blatt, das im Herbst vor mir zu Boden segelt, erweckt in mir kindliche Freude - ich finde den Flug wunderschön - für mich ist es immer wieder neu, neue Freude!

Kannst du dies verstehen, nachempfinden - dann freue ich mich für uns - denn wir wissen, wovon wir sprechen - von einem wunderschönen Gefühl!

Es ist die Zufriedenheit und die Dankbarkeit für jeden einzelnen Augenblick, jede einzelne Begegnung.

Die erfüllendsten Dinge im Leben sind sooo einfach - überall verfügbar.

Ich brauche dafür nicht auf den Weg zu gehen, brauche nichts dafür zu besorgen, oder zu tun - sie werden mir einfach geschenkt - wenn ich mit offenen Augen und offenem Herzen durch mein Leben schreite!

Es ist sooo einfach -
dies ist die Antwort -
immer wieder! JA!

Versuche nie, dich zu ändern.

Viel wichtiger ist zu lernen, mich so
anzunehmen und zu LIEBEN,
wie ich BIN!

Das verändert WAHRLICH sehr viel in meinem Leben! Mein Leben wird lichter, schöner und erfüllter mit wahrem REICHTUM!

Und wenn ich das Gefühl habe, dass ich dies gut kann, dann lerne ich den anderen so anzunehmen und zu lieben, wie er ist - ich sehe, dass auch dies WAHRLICH sehr viel verändert in meinem Leben und im Leben des anderen!

Und wenn ich dies sehr gut kann, dann lerne ich, alle und alles so anzunehmen und zu lieben, wie es ist!

Ist doch wirklich einfach - ich brauche nicht wirklich etwas zu tun - keine Anstrengung, keine Kontrolle, keine Disziplin!

Ich lerne ganz einfach den RESPEKT vor der SCHÖNHEIT des LEBENS!

Drei kleine Schritte - deren GRÖSSE oft unterschätzt wird.

Warum würden so viele Menschen, den Kontakt mit mir suchen, wenn sie nicht tief in sich drin spüren würden, dass ich etwas gefunden habe, wonach sie sich auch sehnen?

Warum würden so viele Menschen auf mir herumhacken, mich kritisieren, mich zu verletzen versuchen (manchmal noch erfolgreich :o)), wenn sie sich nicht berührt fühlen würden von mir - auf irgendeine Weise!

Warum würden mir so viele Menschen mit so viel LIEBE begegnen, wenn sie nicht spüren würden, dass hier LIEBE zurückkommt?

LIEBE ist und bleibt das Schlüsselwort - auf alle Fragen!

Ja, auf alle Fragen.

Mit LIEBE gibt es weder Probleme noch Sorgen - dann gibt es ganz einfach liebevolle Lösungen, liebevolle Gespräche, liebevolle Tage.

Liebevoll hat hier nichts mit "lieb", "Weichei", "Softie" zu tun - liebevoll bedeutet ehrlich zu sein, manchmal sehr kraftvoll und aufrüttelnd - doch liebevoll ist niemals wirklich verletzend.

Ein liebevoller Mensch achtet sehr auf seine Wortwahl und fühlt, welcher Moment richtig ist, um zu reden, um zu umarmen, um zu sagen "GEH"!

Liebevoll funktioniert auch immer auf beide Seiten - ich bin liebevoll - und ermögliche auch dem anderen - liebevoll zu sein - zu mir!

Niemals hat nur ein Mensch eine Botschaft in einer Begegnung.

Es liegt an mir, ob ich auch die Botschaft des Anderen empfangen will - ob im Moment angenehm oder nicht - im Endeffekt wird sie mich immer ins Angenehmsein führen! Das weiß ich in meinem Herzen!

Manchmal möchte ich in einer anderen Haut stecken, in einer angenehmeren, in einer liebevolleren, in einer erfolgreicheren.

Doch ich muss nun mal annehmen, dass ich in MEINER Haut stecke - und nur hier stecken kann! So einfach ist das!

Also begreife ich irgendwann, dass dies so ist - und sich nie ändern wird - und ich beginne mich zu mögen, mich anzunehmen und irgendwann mich zu LIEBEN.

Welch schönes Geschenk an mich! Das schönste, das ich mir in meinem Leben machen kann!

JA ICH LIEBE MICH!
JA ICH LIEBE MICH!
JA ICH LIEBE MICH!

Es gibt einzig und allein diesen Weg zum Glück, zum Erfolg, zur Zufriedenheit!

So einfach dies auch klingt, so herausfordernd ist dieser Weg - doch er ist schön, wundervoll, lebenswert!

Also begann ich irgendwann auf meine eigenartige, komische Art und Weise durchs Leben zu "tanzen"!

Ich begann mit mir zu tanzen! Und es ist der schönste Tanz, den ich je begann!

Muss natürlich hier auch zugeben, dass ich den Tanz manchmal unterbrach (man muss ja mal auch an andere Örtchen :o) - doch ich finde immer wieder zurück. Darauf kann ich bauen.

Ich kann mir TRAUEN!

Meine innere Stimme findet immer wieder den Weg zurück - ich lausche ihr und handle.

Es ist ein großes Geschenk, dass ich meine Stimme hören kann! Und - sie liebt mich auch!

Egal was ich tue, egal was ich denke - sie liebt mich immer mit der gleichen sanften (manchmal auch sanft schubserischen) liebevollen Art.

Sie kennt keine Strafen, kein Verurteilen, kein Schimpfen - sie kennt Lachen, Lebensfreude und Träumen. Das ist mein Innerstes - jeder hat dies in sich. Auch du!

Mach dich auf den Weg
und finde DICH! Es lohnt!
Es ist sooo einfach!
Schritt für Schritt!

NICOLE METZLER,

geb. 12.03.1973 erforscht seit vielen Jahren intensivst und mit voller Begeisterung das Thema LEBEN und dessen Schlüssel zur Zufriedenheit und zum Glücklichsein. Als Autorin, in Seminaren sowie Gesprächen bringt sie ihr "empfangenes" Wissen mit viel Freude und Erfolg den Menschen näher.

Ihr Motto:

"Ich gebe immer mein Allerbestes -
ich sehe in jedem immer das Allerbeste!
Das Allerbeste ist LIEBE!"

FASZINATION LEBEN

Nicole Metzler

Autorin / Seminare

Sonnenstrasse 6a/33

A-6922 Wolfurt

Tel. 0043(0)650/77 23 341

www.nicolemetzler.com

nicole.metzler@gmx.at

NICOLE METZLER

Das Märchenbuch
Märchen voller Liebe, Hoffnung und Glauben
ISBN: 3-9502131-3-9

Die Welt hinter den Nebeln ... und dann?
Eine fantastische Reise durch eine Welt ohne Zeit beginnt für dich - und du kommst an ...
ISBN: 3-9502131-4-7

In jeder Buchhandlung erhältlich

KIARA LEVETTE
(Nicole Metzler)
Gedichte

Windhauch meiner Seele
Wolke, Liebe Freundschaft
ISBN: 3-8301-9914-7

Flügelschlag meiner Seele
Meer, Anfang, Auszeit
ISBN: 3-8301-9925-2

Lächeln meiner Seele
Stärke, Mut, Leben
ISBN: 3-8301-9947-3

by R.G. Fischer Verlag, Frankfurt

In jeder Buchhandlung erhältlich